LAS MIL
Posibilidades
A THOUSAND POSSIBILITIES

Un cuento familiar corto bilingüe
A short bilingual family tale

POR ANDREA MALAGÓN-MEAGHER LCSW
BY ANDREA MALAGÓN-MEAGHER LCSW

Hola, soy Mariana, la "princesa" de mi casa, bueno así me dice mi mamá. Estoy muy contenta porque pronto voy a tener un hermanito...

Hello, I am Mariana, the "princess" of my house, well that's what Mom calls me. I am very happy because soon I will have a little brother...

Cuando los niños aprenden nuevas responsabilidades de manera divertida, los estamos ayudando a sentirse útiles y a mejorar su autoestima.

When children learn new responsibilities in a fun way, we are helping them to feel useful and improve their self-esteem.

Mi mamá y yo cuidamos todos los días del bebé. Desde temprano le digo "buenos días" al bebé y le cuento todo lo que voy a hacer en la escuela.

Mom and I take care of the baby every day. Since early morning, I say "good morning" to the baby and tell him everything that I will do at school.

Durante el período prenatal la madre cuida de su alimentación, visita periódicamente al doctor para saber cómo se está desarrollando el bebé y cómo está su estado de salud.

During the prenatal period, the mother takes care of her diet; she visits the doctor periodically to know how the baby is developing and to learn more about her health.

—Mamá, ¿le cantamos antes de que llegue
el autobús de la escuela? —pregunto.

—¡Claro! —responde mi mamá.

Pimpón es un muñeco muy guapo y de cartón
Se lava la carita con agua y con jabón
Se desenreda el pelo con peine de marfil
Y aunque se dé estirones no llora ni hace así…
Pimpón dame la mano con un fuerte apretón
que quiero ser tu amigo, Pimpón Pimpón Pimpón.

"Mom, can we sing to him before
the school bus comes?" I ask.

"Of course!" replies Mom.

Pat-a-cake, pat-a-cake, baker's man
Bake me a cake as fast as you can
You roll it, pat it, mark it with a "B"
And you put it in the oven for baby and me!

Cuando cantamos con los niños y vamos haciendo gestos o mímica, creamos un juego que facilita que el niño se concentre y coordine movimientos de manos o cabeza.

When we sing along with children and use gestures or facial expressions, we create a game that allows the child to stay focused and coordinate hand or head movements.

Aprendo mucho en la escuela y cuando no
entiendo algo o me distraigo, alzo la mano y
le pido a la maestra que me lo repita otra vez.

También me divierto en el recreo con mis
amigos jugando a "la rayuela o el avión".

I learn a lot in school, and when I don't understand
something or I get distracted, I raise my hand
and ask the teacher to repeat it again for me.

I also have fun with my friends during
recess playing hopscotch.

La escuela es un lugar de aprendizaje y de exploración donde los niños aprenden reglas de convivencia, es decir, a respetar y a relacionarse con otros niños.

School is a place of learning and exploration where children learn rules of coexistence, that is, to respect other children and to interact with them.

Disfruto bailar frente al bebé
para que vaya aprendiendo
el ritmo de la música, me
estiro y doy piruetas.

I enjoy dancing in front of the baby
so he can start learning the rhythm
of music; I stretch and spin in the air.

Aunque el bebé está en el útero de la madre, él puede escuchar y sentir si las personas a su alrededor están de buen humor.

Although the baby is inside the mother's womb, he can hear and feel if people around him are in a good mood.

Mi mamá trabaja mucho y aun cuando está cansada, se da masajitos en "la pancita". Sabemos que al bebé le gusta, porque se mueve mucho y a veces, ¡hasta le da paladitas de tan contento! Bueno, eso digo yo...

Mom works a lot and even when she is tired, she gives herself a belly massage. We know that the baby likes it, because he moves a lot and sometimes she even feels him kicking because he feels so happy! Well, that's what I say...

Desde el útero, los bebés tienen ciclos de día y de noche. Se sienten aliviados cuando cuentan con alguien, que con cariño, los reconforta y cubre sus necesidades. Por eso es importante que la madre se alimente sanamente y descanse cuando sea posible.

From the time they are in the womb, babies have day and night cycles. They feel relieved when they have someone who, with affection, comforts them and meets their needs. That's why it is important for the mother to eat healthy and rest whenever possible.

Mi mamá se fue hoy temprano al hospital, yo me quedé con mi abuelita. Ella tiene el cabello blanco como la nieve y la piel como "pasita". Le gusta cocinar y a veces repite mucho las mismas cosas. Siempre me carga y me arrulla con ternura en su mecedora.

Early today, Mom went to the hospital; I stayed with Grandma. Her hair is white as the snow and her skin looks like a little "prune." She likes to cook and sometimes she repeats the same things over and over again. She always holds me and softly sings me to sleep on her rocking chair.

Es útil que los niños se sientan cómodos y apoyados por más de un adulto, esto ayudará a que desarrollen diferentes tipos de afecto con diferentes cuidadores.

It is useful for children to feel comfortable and supported by more than one adult; this will help them develop different types of affection with different caregivers.

Mmm… me gusta cómo huele la sopa de verduras que prepara mi abuelita. Ella dice que si como bien creceré fuerte. Cuando sea grande me subiré a los árboles para recolectar manzanas, ¡son mi postre favorito!

Yum… I like the smell of the vegetable soup that Grandma makes. She says that if I eat well I will grow strong. When I grow up I will climb the trees to pick apples, my favorite dessert!

Una dieta balanceada rica en frutas y verduras ayudará a que su bebé y sus hijos crezcan sanos. Asegúrese de que reciban todas sus vacunas a tiempo en su centro de salud.

A balanced diet rich in fruits and vegetables will help your baby and your children grow up healthy. Make sure they receive all their vaccines on time at your health center.

¡Un nuevo día! Mi mamá llegó del hospital con mi abuelito y con mi nuevo hermanito. Es un niño y se va a llamar Diego, como mi abuelito.

It's a new day! Mom arrived from the hospital with Grandpa and my new brother. It's a boy and his name will be Diego, just like Grandpa.

Cuando los recién nacidos llegan a casa necesitan un período de adaptación, con el tiempo desarrollan orientación a la voz, al sonido y a los objetos.

When newborns come home they need a period of adjustment; over time they develop their sense of orientation to voice, sounds, and objects.

Mi abuelita, mi abuelo y yo
armamos un rompecabezas mientras
mi mamá alimenta a Diego.

Grandma, Grandpa, and I work on a
jigsaw puzzle while Mom feeds Diego.

Ya sea que la madre le esté dando al bebé el pecho/amamantándolo o el biberón, es un momento MUY especial donde la madre y el bebé tienen una conexión única.

Whether the mother is breastfeeding or bottle-feeding the baby, it is a very special moment where the mother and the baby have a unique connection.

Arrorró mi niño,
arrorró mi amor.
Arrorró pedazo
de mi corazón.

Duérmete mi niño,
duérmete amor.
Duerme pedazo
de mi corazón.

Twinkle, twinkle, little star
How I wonder what you are
Up above the world so high
Like a diamond in the sky
Twinkle, twinkle little star
How I wonder what you are

Algunos bebés tienen un reflejo de "búsqueda del pecho" cuando tienen hambre, si no, lo desarrollan con el tiempo. Usted puede cantar siempre la misma canción mientras lo alimenta, para ayudarle al bebé a entender que es "hora de comer".

Some babies have a reflex of "looking for the breast" when they are hungry, and if not, they develop it over time. You can always sing the same song while feeding the baby to help him understand that it is "time to eat."

Ahora Diego sigue los objetos con sus "ojitos". Le muestro una sonaja, a veces le pongo música y me gusta hacerle muecas.

A Diego le gusta imitarnos, incluso cuando sacamos la lengua. Jugamos muy bien juntos, soy como su "espejo".

Now Diego follows the objects with his "little eyes". I show him a rattle, sometimes I play music and I like to make funny faces for him.

Diego likes to copy us, even when we stick our tongues out. We play very well together; I am like his "mirror."

Imitar al bebé es muy importante, tanto sus sonidos como sus gestos y sus movimientos. Lo ayudamos a entender lo que quiere comunicar. Incluso podemos sacar la lengua, hacer bombitas con la boca y sonidos nuevos que irá imitando con el tiempo.

Imitating what your baby does is very important, his sounds as well as his gestures and movements. We help him understand what he wants to communicate. We can even stick our tongues out, make bubbles with our mouths, and new sounds that he will imitate over time.

Mi hermanito me quiere mucho, ahora no me puede
ver claramente, pero reconoce mi sombra y mi voz,
porque yo le he hablado desde que era pequeñito.

Mi mamá deja que yo sea su asistente, le paso la ropa de
Diego y la ayudo a elegir lo que se va a poner. También
me deja que le dé vueltas al móvil que tiene en su cuna.

My little brother loves me very much, now he can't see
me clearly, but he recognizes my shadow and my voice,
because I have talked to him since he was very little.

Mom lets me be her assistant, I hand her Diego's clothes
and I help her choose what he's going to wear. She
also lets me spin the mobile that he has in his cradle.

Cuando desarrollamos rutinas consistentes los bebés aprenden que hay una hora para comer, otra para aprender, otra para jugar, otra para leer un cuento y otra para dormir. Esto los ayuda a sentirse seguros sabiendo lo que va a suceder, hasta que se aprendan la rutina.

When we develop consistent routines babies learn that there is a time to eat, another time to learn, one to play, another to read a story, and another to sleep. This helps them feel secure knowing what is going to happen, until they learn the routine.

—Mariana, ¿sabías que Diego tiene diferentes tipos de llanto? —dice mamá—. A veces llora porque tiene hambre, otras porque tiene frío, otras porque ya ensució su pañal, otras veces tiene un poco de cólico, quizá le molesta la luz o el ruido. Es como jugar a las "adivinanzas".

"Mariana, did you know that Diego has different types of crying?" says Mom. "Sometimes he cries because he's hungry, other times because he is cold, or because his diaper is dirty, sometimes he has colic, maybe the light or the noise bothers him. It is like playing 'riddles'."

Ayudar a que los hermanitos o los primos mayores entiendan que uno de los elementos del lenguaje del bebé es el llanto permite validar al bebé, es decir, crea una dinámica en donde todos "adivinamos" lo que el bebé quiere decir, hasta que vamos reconociendo los diferentes tonos del llanto.

Helping the big siblings or cousins understand that one of the elements of the baby's language is crying helps to validate the baby, in other words, it creates a dynamic where we all "guess" what the baby wants to say, until we begin to recognize the different tones of crying.

Mi mamá dice que es como jugar a las "adivinanzas".
Me pregunto: "¿Qué siente Diego en este momento?".

Mom says that it is like playing "riddles." I
wonder: "What does Diego feel at this time?"

La familia hace esfuerzos diarios para ir entendiendo las expresiones y gestos del bebé. Cuando el bebé se siente comprendido y aceptado desarrolla seguridad en sí mismo, y así podrá tener habilidades para adaptarse a emociones nuevas.

The family makes daily efforts to understand the baby's expressions and gestures. When the baby feels understood and accepted he develops self-confidence, that's how he will have skills to adapt to new emotions.

En las noches antes de dormir, mi mamá lee dos cuentos, uno para mí y otro para el bebé.

A mí me gusta el cuento de Caperucita Roja. Yo elijo otro para Diego, con varios colores, pocas palabras y muchos dibujos. Mi mamá me da un beso y hacemos nuestras oraciones, dándole gracias a "Papá Dios".

At night before going to sleep Mom reads two stories, one for me and one for the baby. I like the story of Little Red Riding Hood. I choose another one for Diego, with lots of colors, few words, and many pictures. Mom gives me a kiss and we say our prayers giving thanks to God.

Los niños van aprendiendo el lenguaje desde muy pequeños, cuando les leemos un cuento, les cantamos o les hablamos, su vocabulario se hace más grande, es decir, aprenden palabras nuevas todos los días.

Children begin to learn the language since they are very little, when we read them a story, when we sing to them, or talk to them, their vocabulary grows, in other words, they learn new words every day.

Es increíble, ahora Diego empieza a hablar, hace muchos sonidos como "agú, da, aba y buuu", también hace burbujas, yo lo copio y nos reímos juntos.

It's amazing, now Diego is starting to talk, he makes a lot of sounds like "googoo" and "gaagaa". He also blows bubbles. I copy him and we laugh together.

Cuando les describimos las emociones y las experiencias a los niños, van entendiendo el mundo a su alrededor a través de lo que describimos.

When we describe emotions and experiences to children, they begin to understand the world around them through our description.

Mi mamá dice que Diego sostiene muy bien su cabeza, se ríe mucho y trata de alcanzar todo lo que llama su atención. Es importante guardar cosas pequeñas que se pueda meter a la boca, porque no entiende que "no son comida".

Mom says that Diego holds his head up very well. He laughs all the time and tries to reach for anything that draws his attention. It is important to put away small things that he might put in his mouth, since he doesn't understand that "they're not food."

A veces, el bebé toma algo con la mano, como una sonaja y luego Él quiere que usted la tome y se la regrese una y otra vez. A veces el objeto es muy pesado y cae al suelo, pero esto se convierte en un juego. REPETIR, repetir y repetir, los bebés aprenden a base de muchas repeticiones.

Sometimes, the baby grabs something with his hand, such as a rattle and then HE wants you to hold it and give it back to him over and over again. Sometimes the object is very heavy and it falls to the ground, but this turns into a game. REPEATING, repeating, and repeating, babies learn from many repetitions.

Ahora Diego se sienta solo y toma su baño,
mientras yo le enseño cómo cepillarse los dientes.

Now Diego sits by himself and takes a bath,
while I teach him how to brush his teeth.

Dele la oportunidad al bebé de ir haciendo cosas por sí mismo, como echarse agua, jugar con su patito, lavarse los dientes, peinarse, etc. Siempre bajo la supervisión de un adulto, <u>no</u> nos podemos descuidar.

Give the baby the opportunity to start doing things on his own, like splashing himself with water, playing with his rubber duck, brushing his teeth, combing his hair, etc. Always under adult supervision, we should not get distracted.

Diego da sus primeros pasos, señala todo con el dedo y dice "ma, ta, ba, sho, bu", nosotros repetimos lo mismo, "ma, ta, ba, sho y bu", para que sepa que lo escuchamos y que hablamos su idioma.

Diego takes his first steps, he points at everything with his finger and says "mah, tah, bah, shoh, boo", we repeat the same thing, "mah, tah, bah, shoh, and boo," so he knows that we listen to him and we are speaking his language.

Cuando su pequeño dé sus primeros pasos, vaya describiendo todo lo que encuentra a su alrededor y disfrute de las pequeñas cosas que atraen su atención.

When your little one takes his first steps, describe everything that he finds around him and enjoy the small things that catch his attention.

Diego reconoce su biberón, se mueve
mucho con emoción y curiosidad,
por eso duerme como un angelito.

Diego recognizes his baby bottle, he moves
around with excitement and curiosity,
that's why he sleeps like a little angel.

Aunque el bebé sigue desarrollando la habilidad de calmarse, algunos padres enfrentan retos con respecto al sueño. Deje al alcance del bebé el chupón, almohaditas, su muñeco favorito, su sabanita, etc. También asegúrese de que durante el día el bebé pase algún tiempo sobre su estómago y en la noche duerma sobre su espalda.

Although the baby continues to develop the ability to calm down, some parents face challenges regarding the time to sleep. Leave within the baby's reach his pacifier, small pillows, his favorite doll, his blanket, etc. Also make sure that during the day the baby spends some time on his stomach and at night he sleeps on his back.

Yo creo que mi mamá tiene una varita mágica, cuando terminamos de dibujar escuchamos: "Ya está lista la comida". ¡Qué bueno! Ya me sonaba la tripita...

I think that Mom has a magic wand, when we finish drawing we hear: "The meal is ready now." Great! I was hearing noises in my tummy...

Hay que tener paciencia y observar cuándo el bebé ya se cansó de una actividad y está listo para hacer algo diferente; una nueva aventura donde seguirá explorando.

We must be patient and observe when the baby is already tired of an activity and ready to do something different; a new adventure where he will continue exploring.

Diego usa cada día más su imaginación, habla todo el día… pero no siempre entendemos lo que dice…

Diego uses his imagination more each day, he talks all day… but we don't always understand what he says…

Con la ayuda de los adultos, los niños aprenden a poner atención a las necesidades de los demás, a compartir sus juguetes y a usar la imaginación. Empiezan a contar historias fantásticas incluso tienen amigos imaginarios.

With the help of the adults, children learn to pay attention to others' needs, to share their toys, and use their imagination. They begin to tell fantastic stories, they even have imaginary friends.

Con paciencia, mi mamá le enseña
a Diego a sostener el lápiz
mientras él hace garabatos.

With patience, Mom teaches Diego how
to hold the pencil while he scribbles.

Es importante seguir motivando a su pequeño a seguir intentando lo que se propone. Aunque al principio no pueda, con paciencia, USTED lo ayuda a manejar su posible frustración o miedo.

It is important to continue encouraging your little one to keep trying what he is set on doing. Even if he cannot do it at the beginning, YOU can, with patience, help him handle his possible frustration or fear.

A Diego le gusta imitar todo lo
que hago... Y le gusta encontrarme
cuando jugamos a las escondidillas,
se sorprende y sonríe.

Diego likes to imitate everything I do...
And he likes to find me when we play
hide and seek, he is surprised and smiles.

Cuando los niños juegan en el parque aprenden habilidades de movimiento y equilibrio de su cuerpo. Al jugar a las escondidillas, por ejemplo, aprenden que aunque no vean a la persona, esta está detrás de diferentes objetos.

When children play in the park, they learn body motion and balance skills. When they play hide and seek, for example, they learn that even when they don't see the person, he or she is behind different objects.

Mi mamá comparte un álbum
de fotografías con nosotros.
Así conoceremos a primos, tíos
y familiares que nunca hemos
visto porque viven muy lejos.

Mom shares a photo album with us.
There we will get to know cousins,
uncles, and family members that we've
never met because they live far away.

Poniendo atención a los niños nos daremos cuenta de cómo nos hablan y van formando frases más largas. Podemos ayudarlos con nuevo vocabulario simple, de acuerdo a su edad.

Paying attention to children we will realize how they talk and begin to form longer phrases. We can help them with simple new vocabulary, according to their age.

Al final del día mi mamá y mis abuelos nos felicitan por lo que hicimos bien, también nos dicen en qué podemos mejorar. ¡Cada día es un nuevo reto para todos!

At the end of the day Mom and my grandparents compliment us for what we did well, they also tell us where we need to improve. Every day is a new challenge for everyone!

Es importante notar y felicitar a los niños cuando tienen conductas esperadas y comportamiento adecuado.

It is important to notice and compliment children when they have an appropriate and expected behavior.

Para terminar este cuento, mi mamá me enseñó algo y luego… yo se lo enseñé a Diego: que no necesitamos la magia de las calabazas, las hadas y los ratones… tampoco los zapatos de cristal…

And to finish this story, Mom taught me something and then…I taught the same thing to Diego: we don't need the magic of the pumpkins, fairies, and mice…not even the glass slippers…

El cuento de la Cenicienta está lleno de magia y de lugares fantásticos; sin embargo, USTED puede crear juguetes con objetos simples, por ejemplo, puede poner arroz o frijoles en cajitas o envases para crear instrumentos musicales. También puede crear un castillo imaginario con telas de colores y hacer una corona de cartón y adornarla.

The story of Cinderella is full of magic and fantastic places; however, YOU can make toys using simple objects, for example, you can put rice or beans in boxes or containers to create musical instruments. You can also create an imaginary castle with fabrics of different colors and make a crown made of cardboard and decorate it.

Porque aunque no tengamos muchos ahorros, tenemos magia infinita en el interior de nuestros corazones. Somos una familia y tenemos ¡mil posibilidades para ser feliz!

Because even though we don't have a lot of savings, we have an everlasting magic in our hearts. We are a family and we have a thousand possibilities to be happy!

RECONOCIMIENTOS

Este cuento fue creado como resultado del último proyecto requerido por el curso certificado de posgrado "Infant Parent Mental Health" (www.umb.edu/ipmh) que ofrece la Universidad de Massachusetts. Agradezco a Ed Tronick, Ph.D., Dorothy Richardson, Ph.D., Alexandra Harrison, MD, Marilyn Davillier, LCSW, y a todos mis colegas de la generación IPMH 2010-2011 por todo lo aprendido y reflexionado en comunidad.

ACKNOWLEDGEMENTS

This story was created as the result of the last project requested by the Post-graduate Certificate course "Infant Parent Mental Health" (www.umb.edu/ipmh) at University of Massachusetts. Thanks to Ed Tronick, Ph.D., Dorothy Richardson, Ph.D., Alexandra Harrison, MD, Marilyn Davillier, LCSW, and fellow colleagues from IPMH 2010-2011 for everything learned and reflected in community.

interior artwork by Erika Malagón | http://www.coroflot.com/kikamalagon
Translated to English by Giovanna Salerno
References: www.zerotothree.org

ISBN 978-1-0879-9752-0

1 3 5 7 9 10 8 6 4 2

CPSIA information can be obtained
at www.ICGtesting.com
Printed in the USA
BVHW061450140122
626141BV00012B/1198